Der MarktNavigator
Traden lernen mit Achim Mautz

Strategie-Logbuch

Echte Trading-Strategien von Chefanalyst Achim Mautz

GeVestor
Scharfsicht zahlt sich aus.

Bibliografische Information der Deutschen Bibliothek
Die Deutsche Bibliothek verzeichnet diese
Publikation in der Deutschen Nationalbibliografie;
detaillierte bibliografische Daten sind im
Internet über http://dnb.ddb.de abrufbar

Impressum

Theodor-Heuss-Straße 2–4 · 53177 Bonn
Telefon +49 228 8205-0 · Telefax +49 228 3696010
info@gevestor.de · www.gevestor.de
Bereichsvorstand: Hans Joachim Oberhettinger
Chefredakteur: Achim Mautz (V.i.S.d.P.)
Herausgeberin: Jennifer Großblotekamp

Satz: ce redaktionsbüro für digitales publizieren, Heinsberg
Umschlagbild: tom/Fotolia
Druck: Beltz Bad Langensalza GmbH, Bad Langensalza

ISBN 978-3-8125-2301-1

GeVestor ist ein Unternehmensbereich
der Verlag für die Deutsche Wirtschaft AG
Vorstand: Richard Rentrop · USt.-ID: DE 812639372
Amtsgericht Bonn, HRB 8165

Inhalt

Vorwort

Bereits im Vorfeld möchte ich Ihnen zur richtigen Wahl unseres Börsendienstes „Der Marktnavigator“ gratulieren. Ich selbst beschäftige mich nunmehr seit mehr als 15 Jahren mit den Themen Börse und Trading und habe mich in den letzten Jahren insbesondere auf bestimmte Trading-Strategien spezialisiert.

Achim Mautz
Chefredakteur
„Der Marktnavigator“

Hier ist es vor allem die Hauptstrategie des Breakout-Tradings, wo ich hunderte und tausende Trades zuerst am Papier und später im realen Handel selbst ausprobieren musste, bevor ich ein passendes Konzept erarbeiten konnte, welches ich Ihnen in diesem Strategie-Logbuch etwas näher bringen werde.

Damit wir in Zukunft gemeinsam einen möglichst erfolgreichen Weg beschreiten können, ist es für Sie zum einen wichtig zu wissen, mit welcher erfolgreichen Strategie ich arbeite, um auch selbst zu verstehen, welche Vorgehensweisen wir in bestimmte Trades einbeziehen werden – und warum.

Ebenfalls äußerst wichtig für den längerfristigen Tradingerfolg ist die Tatsache, dass bestimmte Trading-Strategien nur in bestimmten Marktphasen bzw. Marktsituationen funktionieren. Dies ist ein weiterer wichtiger Eckpfeiler unseres Börsendienstes, da wir Ihnen nicht nur die besten Trainingssetups liefern, sondern auch rechtzeitig Aufwärtstrend oder auch dem möglichen Beginn eines neuen Abwärtstrends in den Märkten aufzeigen werden. Somit sind wir absolut flexibel was den Gesamtmarkt angeht, denn wir haben nicht nur die Möglichkeit, auf steigende, sondern in Form von Short-Positionen auch auf fallende Kurse im richtigen Moment zu reagieren.

Ich bin mir jetzt schon sicher, dass allein dieses Buch Ihnen einen gewaltigen Sprung nach vorn in Ihrem persönlichen Tradingleben bringen wird.

Auf viele gemeinsame gute Trades

Ihr

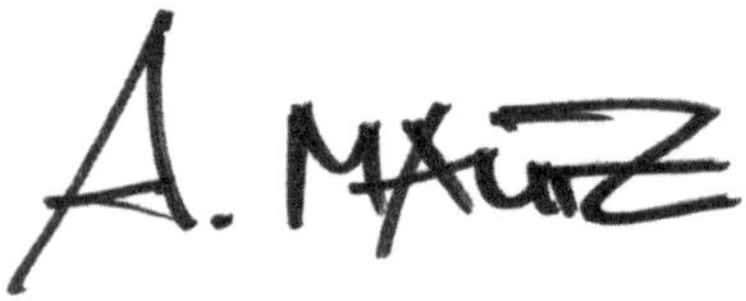

Achim Mautz

Wer ist Achim Mautz?

Das Thema Börse und Aktien hat mich schon mein Leben lang fasziniert. Im Alter von 15 Jahren habe ich meine allererste Aktie gekauft. Eigentlich war es aber gar keine Aktie, sondern eine hochriskante Option auf ein Währungspaar. Es dauerte nicht allzu lange und mein erstes Erspartes aus meiner Kindheit war bereits dahin. Gut, dass es damals noch keine Risikohinweise seitens der Bank gegeben hat. Diese wusste damals selbst nicht so genau, was ich da so gehandelt habe. Wie sich die Zeiten ändern!

Nach dem Abitur verschlug es mich in die weite Welt der Finanzbranche und ich war jahrelang für eines der größten Brokerhäuser, MF Global, als Introducing Broker aktiv. Diese Tätigkeit war herausfordernd und exakt das Richtige in meiner frühen Zeit als selbstständiger Unternehmer.

Danach wollte ich aber neue Ziele anstreben und gründete mein erstes Unternehmen im Jahr 1999 als Vermögensberater. Zu dieser Zeit kamen mir eine Russland- und eine Dot.com-Krise in die Quere, doch ich wusste, ich würde es schaffen. Die Krise im Jahr 2008 trennte dann endgültig die Spreu vom Weizen und so blieben nur noch wenige Vermögensberater in Österreich übrig. Davon profitiere ich noch heute.

Doch bei all dem Erfolg wollte ich noch mehr erreichen und weitere Türen öffnen. Ich sah in all den Krisen, wie viele Leute ihr Hab und Gut verloren haben. Das machte mich sehr traurig, weshalb ich auch als gerichtlich beeideter Sachverständiger weiterhelfen wollte. Daran musste ich aber auch direkt etwas ändern und gründete daher eine Trading- und Ausbildungsplattform.

Die Arbeit als Mentor und Coach macht mir enormen Spaß. Hierbei gebe ich meine Erfahrungen und mein Wissen an Trader und Anleger in einer Vielzahl von Seminaren und Webinaren weiter. Vor allem meine Intuition, dass möglichst kein Anleger mehr Geld an der Börse verlieren sollte, treibt mich weiterhin an. Wenn dies Privatanleger erreichen, sind sie schon einen entscheidenden Schritt weiter als viele andere. Klingt komisch, ist aber so.

Das Verdienen von Geld und erwirtschaften von Renditen kommt in Folge von selbst.

Immer noch treibt mich dieser zentrale Punkt an, und es ist immer wieder schön, wenn ich in meinen zahlreichen Ausbildungen und Coachings großes Lob bekomme.

Auch der „Markt-Navigator" bei Gevestor verfolgt eine klare Strategie. Ich möchte mit dem geringsten möglichen Risiko solide und langfristig gute Renditen erwirtschaften. Gerade in fallenden Phasen, wo eine Vielzahl der Privatanleger ihr erwirtschaftetes Kapital wieder verlieren, können aber gerade umgekehrt gute Gewinne erwirtschaftet werden. Es geht eben einzig und allein darum, auf der richtigen Seite zu stehen.

Dafür haben Sie mich.

Basiswissen zu unserem Börsendienst

Nun haben sie bereits den ersten Schritt in die richtige Richtung gemacht und wissen nun auch, welche Strategien wir hauptsächlich in unserem Börsendienst verwenden werden. Nun kommen wir noch zum exakten Ablauf und weiteren wichtigen Informationen unseres Dienstes:

1. Einmal wöchentlich präsentieren wir Ihnen einen Gesamtüberblick über die wichtigsten Märkte weltweit. Hier blicken wir auf die Trends im DAX, S&P 500, Gold, Öl oder auch auf wichtige Währungspaare, wie dem Euro zum US-Dollar. Dies ist insbesondere deshalb so wichtig, weil wir mit dem Trend eines Marktes und nicht gegen den Trend eines Marktes handeln wollen.

2. Das Novum unseres Börsendienstes ist es, dass wir ihnen diese Informationen nicht in Schriftform, sondern in Form einer Videoanalyse präsentieren werden. Diese könnten sie bequem von ihrem Handy, PC, Notebook oder Tablet ansehen. Der große Vorteil ist, dass Sie sich damit viel Zeit sparen können. Alle wichtigen Informationen sind in dieser Videoanalyse enthalten.

3. Zusätzlich zum Gesamtmarktüberblick präsentieren wir Ihnen wöchentlich die drei besten Long- und Short-Ideen. Diese werden exklusiv von Achim Mautz aus mehreren tausend Aktien ausgewählt und Ihnen in dieser Videoanalyse vorgestellt.

4. Damit wir zum richtigen Zeitpunkt auch in die richtige Richtung traden, haben wir für sie des Weiteren eine Börsen-Ampel erstellt. Dieses zeigt uns exakt die Phase an, in die sich der Gesamtmarkt aktuell befindet. Die möglichen Phasen lassen sich wie folgt zusammenfassen:

Super Bärisch – In dieser Phase wollen wir vor allem unsere Short-Ideen nutzen.
Bärisch – In dieser Phase wollen wir vor allem unsere Short-Ideen nutzen.
Neutral – Hier können wir sowohl auf Long- als auch auf Short-Ideen zurückgreifen.
Bullisch – In dieser Phase wollen wir vor allem unsere Long-Ideen nutzen.
Super Bullisch – In dieser Phase wollen wir vor allem unsere Long-Ideen nutzen

5. **Immer wenn eine unserer Trading-Ideen gekauft oder verkauft wird, erhalten Sie am Ende des Tages eine E-Mail oder eine SMS von uns zugesandt, damit Sie auch keinen Trade versäumen.**

Welche Märkte handeln wir?

Grundsätzlich sind wir in diesem Punkt absolut flexibel, was uns eine sehr große Bandbreite an zu handelnden Wertpapieren ermöglicht. Wir wollen uns hier nicht speziell auf einen bestimmten Markt konzentrieren, um den gesamten Globus für uns nutzen zu können.

Dennoch haben wir natürlich Favoriten, woher unsere Hauptempfehlungen stammen werden. Sie werden hauptsächlich Trading-Ideen zu US-Aktien und deutschen Aktien bekommen, während es durchaus auch vorkommen kann, dass hier ETFs, Währungspaare oder auch Rohstoffe wie Gold, Silber oder Öl vorgeschlagen werden.

Wichtig ist uns bei den Einzelaktien vor allem Liquidität. Wir wollen also nur möglichst liquide Aktien mit einer möglichst hohen Marktkapitalisierung in unseren Depots haben und keine sogenannten Penny Stocks. Nur diese Aktien geben uns die größtmögliche Chance auf Erfolg und sichern uns gleichzeitig auch möglichst hohe Liquidität. Dies ist wichtig, um jederzeit investieren, als auch aussteigen können. Des Weiteren bedeutet Liquidität auch faire Preise mit kleinen Spreads (Spanne zwischen Geld- und Briefkurs).

Long / Short

Eines der wichtigsten Bausteine unseres Börsendienstes ist es, dass wir absolut unabhängig vom Börsengeschehen agieren können. Ist unser Börsen-Thermometer auf bullisch gestellt und die Aktienmärkte gehen nach oben, dann werden wir einfach Aktien kaufen und laufen lassen, um von steigenden Kursen zu profitieren. Gleichzeitig können aber auch auf fallende Märkte spekulieren, indem wir einfach auf die Short-Seite wechseln. Dies wird dann der Fall sein, wenn sich beispielsweise DAX und S&P 500 in einem Abwärtstrend befinden und wir uns in einer Korrektur bzw. einem Bärenmarkt befinden.

Wie funktioniert eigentlich ein Short?

Recht einfach. Hier verkaufen Sie Aktien, die sie eigentlich nicht besitzen. Ihr Broker leiht Ihnen quasi die Aktien von einem Dritten.

Dabei haben Sie aber die Verpflichtung, diese auch wieder zurückzugeben. Das können sie aber nur, indem dieselbe Anzahl von Aktien zu einem späteren Zeitpunkt wieder an der Börse gekauft wird. In der Zwischenzeit werden die Aktien an Sie verliehen.

Das Geschäft läuft unterm Strich einfach umgekehrt. Zuerst wird **verkauft** und dann erst **gekauft.** Es handelt sich hierbei also lediglich um ein Differenzgeschäft.

Schauen wir uns hierzu ein Beispiel an:

Sie shorten, also verkaufen die Aktie XY bei 100, weil Sie davon überzeugt sind, dass der Kurs fällt. Einen Monate später kaufen sie die Aktie wieder zu einem Kurs bei 95. Sie haben somit einen Gewinn von 5 pro Aktie erzielt, weil der Kurs gefallen ist.

Geht jedoch der Kurs immer weiter nach oben und Sie kaufen nach einem Monat beispielsweise bei 105, dann ist der Kurs gestiegen und Sie haben einen Verlust von 5 pro Aktie gemacht.

Risikohinweis: Das größte Problem beim Shorten von Wertpapieren ist, dass hier das Risiko über 100% liegt! Wenn im obigen Beispiel die Aktie auf über 200 steigt, haben sie mehr als ihren Einsatz verloren. Verdienen können sie aber maximal 100%, da die Aktie nur auf 0 und nicht darunter fallen kann: Shorten sie daher nur, wenn Sie sich des Risikos bewusst sind und Sie ein sehr spekulativ veranlagter Trader sind!

Kaufen von Wertpapieren – LONG

Chance: Unbeschränkt
Risiko: Maximal 100%

Verkaufen von Wertpapieren – SHORT

Chance: Maximal 100%
Risiko: Unbeschränkt

Vergewissern Sie sich, ob Sie über ihren Broker überhaupt Aktien shorten können. Dies ist nicht überall möglich.

Risk- und Money-Management

Es wird bei uns kein Trade eröffnet, ohne dass wir sofort nach dem Einstieg auch einen Stop-Loss setzen. Dies ist ein äußerst wichtiger Prozess und sichert uns vor zu großen Risiken von vornherein ab. Selten werden wir eine Trading-Idee vorfinden, welche uns ein Risiko von mehr als 5% bescheren wird. Wenn doch, dann werden wir die Positionsgröße bewusst kleiner wählen.

In der Folge werden wir von sogenannten vollen und halben Positionsgrößen sprechen. Wenn wir von einer vollen Positionsgröße sprechen, dann entspricht dies 10% unserer Portfoliogröße. Haben sie beispielsweise ein Portfolio in der Höhe von 50.000,- €, entspricht eine volle

Position einem Gegenwert von 5.000.- € Dies wäre dann auch die Höhe des Einsatzes für solch einen Trade. Sprechen wir von einer halben Positionsgröße, dann halbiert sich der Einsatz und wir hätten im gleichen Beispiel nur noch eine Investmenthöhe von 2.500,- €.

Somit haben wir vornherein eine gute Ausrichtung, um selbst bei einer schlechten Serie von Trades nicht Gefahr zu laufen, dass unser Portfolio zu arg in Mitleidenschaft gezogen wird. Befolgen Sie möglichst diesen Ansatz, um nicht zu viel Risiko in einem einzelnen Trade einzugehen.

Was tun, wenn ein Trade in die richtige Richtung läuft?

Sobald wir mindestens +5% in einem Trade im Gewinn liegen, wird automatisch die Hälfte unserer Position verkauft. Danach setzten wir den Stop-Loss umgehend auf den Kurs, bei dem wir eingestiegen sind. Der Stop geht also auf Einstand.

Dies hat den Vorteil, dass dieser Trade nie mehr ins Minus laufen kann. Dreht das Wertpapier wieder gegen uns, so wird die zweite Hälfte der Position schlechtestenfalls bei +-0 ausgestoppt und wir haben noch immer +2.5% auf die gesamte Position verdient. Dies ist ein wichtiger Absicherungsmechanismus bei all unseren Trades.

Geht der Trade, nachdem wir die Hälfte der Position vom Tisch genommen haben, noch weiter in die richtige Richtung, haben wir uns zum einen bereits völlig abgesichert, partizipieren gleichzeitig aber immer noch von weiteren Kursgewinnen. Wie wir dann Gewinne laufen lassen, hängt immer wieder von Fall zu Fall ab. Dies werden wir jeweils angepasst an jedes einzelne Investment besprechen.

Orderarten

Bevor wir nun ans Eingemachte gehen, müssen wir natürlich auch noch besprechen, mit welchen Orderarten wir in unserem Börsendienst in Zukunft arbeiten werden und vor allem, welche vor-und Nachteile diese mit sich bringen. Schauen wir uns dazu die gängigsten Orderarten an.

1. Limit-Order

Die Limit-Order ist die Standardorder für den Kauf oder Verkauf eines Wertpapiers. Bei einer Kauf-Limit-Order („buy limit") kann der Anleger festlegen, zu welchen maximalen Preis (Limit) er bereit ist, ein bestimmtes Wertpapier zu kaufen. Dieser Preis darf nicht überschritten werden (maximale Zahlungsbereitschaft).

Bei einer Verkauf-Limit-Order („sell limit") kann der Anleger festlegen, zu welchen Mindestpreis (Limit) er bereit ist, ein bestimmtes Wertpapier zu verkaufen. Dieser Preis darf nicht unterschritten werden (Mindestpreis der Veräußerung).

Vorteil: Der Vorteil einer Limit-Order liegt darin, dass wir uns hier Grenzen setzen können, zu welchen Preisen wir kaufen oder verkaufen möchten. Dies macht insbesondere Sinn, wenn wir bestimmte festgelegte Kursziele erreichen. Daher werden wir Limit-Orders eher für den Verkauf von Teilpositionen bei Erreichen bestimmter Kursziele verwenden.

Nachteil: Gerade beim Breakout-Trading (Ausbruchshandel) sehen wir sehr oft, dass die Kurse nach dem Ausbruch meist sehr schnelle und starke Impulse bekommen. Wer hier versucht mit einer Limit-Order in den Markt zu kommen, kann zwar sein Preislimit festlegen, wird dadurch jedoch sehr häufig nicht mehr in den Markt kommen, da der Kurs bereits rasch davongelaufen ist. Somit eignet sich eine Limit-Order gerade für Einstiege im Breakout-Trading nicht.

2. Market-Order

Eine Market-Order ist die schnellste Möglichkeit, um einen Kauf oder einen Verkauf zu platzieren. Beim Übermitteln einer Market-Order wird zum nächst-verfügbaren Preis in der verfügbaren Menge gehandelt. Der zu erzielende Preis unterliegt somit keiner Limitierung.

Vorteil: Mit dieser Orderart kommen Anleger unverzüglich in eine oder aus einer Position. Dies ist gerade beim Breakout-Trading besonders wichtig, da wir unmittelbar nach einem Kauf- oder Verkaufssignal sofort long oder short gehen möchten. Somit sichern wir uns die Möglichkeit, bereits beim ersten starken Impuls, im Markt vertreten zu sein.

Nachteil: Da die Orderausführung bezüglich des Preises nicht mehr durch ein Limit reguliert wird, kann es insbesondere bei weniger liquiden Werten zu teils sehr schlechten Preisausführungen kommen. Daher sollte diese Art der Orderübermittlung nur bei äußerst liquiden Werten durchgeführt werden.

3. Stop-Order

Eine Stop-Order dient im Grunde dazu, sich vor Kursverlusten zu schützen. Daher wird diese Art der Orderübermittlung auch gerne Stop-Loss-Order genannt. Bei einer Stop-Verkaufs-Order („sell on stop“) wird automatisch bei Erreichen einer bestimmten festgelegten Untergrenze eine Market Order zum Verkauf übermittelt. Eine solche Order schützt den Anleger vor unlimitierten Kursverlusten bei Long-Positionen. Bei einer Stop-Kauforder („buy on stop“) mit automatisch bei Erreichen einer bestimmten festgelegten Obergrenze eine Market-Order zum Kauf übermittelt. Eine solche Order schützt den Anleger vor unlimitierten Kursverlusten bei Short-Positionen.

Vorteil: Eine Stop-Order ist ein hervorragendes Mittel, um sich vor unlimitierten Kursverlusten zu schützen. Unsere Empfehlung lautet daher, direkt nach dem Einstieg in eine Position eine Stop-Order zu platzieren. Somit können absehbare aber auch nicht absehbare Risiken von vornherein eingeschränkt werden.

Nachteil: Dadurch dass bei Erreichen der sogenannten Stop-Loss-Marke eine Market-Order platziert wird, kann es unter Umständen vorkommen, dass es zu wesentlich schlechteren Ausführungen kommt, als ursprünglich geplant. Hierzu gibt es noch einen weiteren Order-Zusatz, welchen wir einer Stop-Order hinzufügen können. Eine solch schlechte Ausführung kann zum einen in sehr in liquiden Märkten, als auch bei größeren Kurslücke (Gaps), welche meist über Nacht entstehen, vorkommen.

4. Stop-Limit-Order

Wie bei einer normalen Stop-Order, wird auch hier bei Erreichen einer bestimmten Unter- oder Obergrenze eine Order aktiviert. In diesem Fall wird jedoch an den Markt keine Market-Order, sondern eine Limit-Order weitergeleitet. Schauen wir uns dazu zwei Beispiele an.

a) Wir haben in der Aktie XY bei 99 gekauft und wollen uns mit einer Stop-Order vor stärkeren Kursverlusten schützen. Es befindet sich eine wichtige Unterstützung bei 97, welche nicht unterschritten werden sollte. Daher wollen wir unseren Stop sagen wir mal bei 96,90, also knapp darunter setzen.

   Würden wir nun eine normale Stop-Order setzen so würde bei Erreichen des Kurses von 96,90 automatisch eine Market-Order an die Börse übermittelt werden. Bekommen wir jedoch einen Tag später eine Kurslücke (Gap) und die Aktie eröffnet beispielsweise bei 94, so würde unsere Ausführung in diesem Fall im Bereich von 94 zur Ausführung kommen.

   Setzen wir stattdessen eine Stop-Limit-Order mit Stop 96,90 und Limit 95, so würde zwar auch in diesem Fall unsere Order übermittelt werden, da die Untergrenze von 96,90 erreicht wurde, jedoch verkaufen wir nicht zum Bestpreis, sondern erst dann, wenn wir zu mindestens 95 für die Aktie bekommen würden.

b) Wir haben Akte XY bei 55 geshortet und wollen uns mit einer Stop-Order vor Kursanstiegen schützen. Es befindet sich ein wichtiger Widerstand bei 58, welchen wir möglichst nicht brechen sollten. Daher wollen wir unseren Stop knapp darüber bei 58,10 setzen.

Ähnlich wie im Beispiel a) wird bei Erreichen der Kursobergrenze von 58,10 automatisch eine Market Order zum Kauf an die Börse übermittelt. Würde es auch hier zu einer Kurslücke (Gap) über Nacht kommen und die Aktie beispielsweise am nächsten Tag bei 60 eröffnen, so würde unsere Ausführung in diesem Fall im Bereich von 60 zur Ausführung kommen.

Setzen wir auch hier eine Stop Limit Order beispielsweise mit Stop 58,10 und Limit 59, so würden wir in diesem Fall nicht automatisch bei 60 ausgeführt werden, sondern erst dann, wenn unser Limit bei 59 erreicht werden würde.

Vorteil: Der große Vorteil dieses Orderzusatzes ist, dass wir insbesondere bei Kurslücken nicht schutzlos irgendwelche Preise realisieren.

Nachteil: Wir können uns zwar bei Erreichen einer bestimmten Ober- oder Untergrenze einen bestimmten Wunschpreis, in diesem Fall unser Limit, zurechtlegen. Doch gibt es natürlich keine Garantie dafür, dass wir diesen überhaupt erreichen werden. Nehmen wir beim Beispiel a) an, dass die Aktie bei 94 eröffnet, der Preis jedoch nie mehr auf 95 geht und in der Folge sogar unter 90 fällt, so haben wir zwar richtigerweise einen Stop gesetzt, doch bekämen in diesem Fall keinen Ausstieg zu unserem gewünschten Preis bei 95. In diesem Fall wäre die Wahl einer normalen Stop-Order wesentlich besser gewesen.

Orderarten und Einsatz im Trading

Beim Breakout-Trading ist es wichtig, dass ein Wertpapier über (für Long-Einstiege) oder unter (für Short-Einstiege) ein bestimmtes Niveau geht, um unseren Trade überhaupt erst freizugeben bzw. auszulösen. Wenn also unser Trade ausgelöst wird, sprechen wir in der Folge von einem Trigger. Diesen Ausdruck werden Sie recht häufig hören wie beispielsweise: „Die Aktie muss über dieses Niveau gehen, um getriggert zu werden" oder „Bricht die Aktie unter diese Unterstützung, dann wird der Trigger ausgelöst".

Wenn also ein bestimmtes Wertpapier triggert, empfiehlt es sich dieses mit einer sogenannten „Market Order" zu platzieren. Dies bedeutet, dass ihre Kauf- oder Verkaufsorder zum nächst bestmöglichen Zeitpunkt bestens und sofort ausgeführt wird. Somit kommen wir schnellstmöglich in eine bestimmte Position.

Wer jedoch nicht ständig vor dem PC sitzt, kann sich auch einer sogenannten „Stop-Market-Order" bedienen. Hier wird eine Market Order automatisch vom System weitergeleitet, sobald ein bestimmter Stop erreicht wird. Schauen wir uns hierzu ein Beispiel an.

Die Aktie XY steht gerade bei 99 und wir sehen eine tolle Tradingchance und somit ein Kaufsignal, wenn diese über 100 ausbrechen würde. Nun können sie einfach und bequem eine Stop Buy Order bei 100 platzieren. Sobald die Aktie auf oder über 100 geht, wird ihre Kauforder automatisch ausgelöst.

Des Weiteren gibt es noch einen weiteren wichtigen Baustein, welchen wir hier besprechen müssen. Es kann auch vorkommen, dass die Aktie XY einfach über unseren geplanten Trigger springt, eine Kurslücke (Gap) aufreißt und am nächsten Tag beispielsweise bei 103 eröffnet. Wenn Sie hier nur eine simple Stop-Buy-Order platziert haben, wird automatisch bei 103 gekauft, und das wollen wir nicht.

Generell wollen wir keine Papiere kaufen, wenn ein bestimmtes Wertpapier mehr als 2% über (bei einer Long-Idee) oder unter (bei einer Short-Idee) unseren geplanten Trigger (Auslösewert) gapt.

Solche Ereignisse wollen wir nicht traden. Wie können sie sich vor so einem Ereignis schützen? Ganz einfach, mit einer **„Stop-Buy-Limit“** oder einem **„Stop-Sell-Limit“.** Hier können wir zusätzlich zu unserem geplanten Stop, wo unsere Order aktiviert wird, ein Limit mit hinzufügen, zu welchem Preis wir maximal bereit sind den Trade zu eröffnen. Schauen wir uns hierzu ein Long- und ein Short-Beispiel an.

Beispiel 1

Die Aktie XY steht bei 55 und befindet sich in einem Dreieck. Sollte der Kurs über 57 steigen, dann würde das Dreieck nach oben gebrochen werden und wir hätten ein Kaufsignal. Nun wollen wir also die

Order mit einem Stop bei 57 versehen. Gleichzeitig wollen wir nun für den Fall, dass die Aktie weit über 57 am nächsten Tag eröffnet, nicht zu viel bezahlen. Nach unserer 2%-Regel, wollen wir also bis maximal 58.14 mitgehen und platzieren dies als Limit.

Die richtige Order wäre also eine **Buy on stop 57 Limit 58.14 Order.**

Eröffnet die Aktie am nächsten Tag bei 57.50, kaufen wir bei 57.50 oder knapp darüber und nicht bei 58.14. Dies dient uns lediglich zur Absicherung. Eröffnet nämlich die Aktie sagen wir bei 60, würde unser Limit Order 58.14 zwar durch den Stop aktiviert werden, aber wir würden nicht kaufen, da unser Kauflimit klar darunter liegt.

Somit können wir uns vor zu großen Kurslücken gut schützen.

Beispiel 2

Die Aktie AB steht bei 30 und hat eine langfristig sehr wichtige Unterstützung bei 29.50. Sollte diese nach unten gebrochen werden, gehen wir davon aus, dass hier ein steiler Abverkauf folgen könnte. Dementsprechend wollen wir uns hier short platzieren.

Um uns auch hier vor einer zu großen Kurslücke zu schützen, wollen wir maximal bis 2% unter dem Wert von 29.50 mitgehen. Dies wäre also ein Kurs bei 28.91.

Die Order wäre also eine **Sell on stop 29.50 Limit 28.91 Order.**

Sobald also die Marke von 29.50 oder darunter erreicht wird, wird ein Limit 28.91 zum Verkauf platziert. Geschieht dies im regulären

Handel, sollte unsere Ausführung bei 29.50 oder leicht darunter und nicht bei 28.91 erfolgen. Auch hier schützt uns das Limit lediglich vor einer zu großen Kurslücke nach unten.

Solche Kurslücken (Gaps) geschehen recht selten. Wenn doch, wollen wir uns aber trotzdem mit einer professionellen Vorgangsweise und nicht mit einer laienhaften „Stop-Buy“- oder „Stop-Sell“-Order in den Markt positionieren. Somit können Sie ruhig schlafen und haben das Gap-Risiko vollkommen ausgeschaltet.

Grundlagen

Worauf muss man beim Traden achten?

Viele Anleger glauben, dass das Handeln mit Aktien doch eigentlich recht einfach ist. Billig kaufen und teuer wieder verkaufen ist die Devise. Doch nicht immer stellt sich die Sache derart einfach dar, wie man sich das am Anfang vorstellt. Gerade wenn Kurse günstig erscheinen, ist meist die Nachrichtenlage nicht wirklich allzu rosig, und von einem Einstieg wird in der Folge abgesehen, weil das mediale Umfeld nicht für einen Kauf spricht.

Umgekehrt werden viele Aktionäre dazu verleitet, gerade das Gegenteil des ursprünglichen Plans umzusetzen. Es wird fleißig exakt dann gekauft, wenn die Nachrichtenlage sehr gut erscheint. Doch das Problem dabei ist, dass die Börsen dann meist schon lange nach oben gelaufen sind und somit der denkbar schlechteste Zeitpunkt für einen Einstieg gewählt wird.

Der erste Schritt zum Erfolg

Der erste Schritt zum erfolgreichen Trading beginnt also schon mit wesentlichen Punkten. Einer davon ist vor allem das mediale Umfeld möglichst auszuschalten. Davon nicht betroffen ist die fundamentale Lage eines Unternehmens, denn Kennzahlen und Ergebnisse sind ja letzten Endes das, was einen nachhaltigen Kursanstieg erst wirklich möglich macht. Was wir also ausschalten müssen sind Meinungen, Schätzungen und irgendwelche Prognosen von Bloggern und Möchtegern-Analysten, die einem unterm Strich nicht wirklich etwas bringen. Es zählt einzig und allein, wohin sich der Kurs einer Aktie bewegt und nicht welche Meinung eine Person zu einem bestimmten Marktumfeld hat.

Der nächste Schritt ist, in der Folge einen Markt zu finden, mit dem man sowohl zeitlich als auch technisch am besten zurechtkommt. Nehmen wir einmal an, Sie sind berufstätig und haben während des Tages lediglich am Abend Zeit zum Handeln, dann wäre wohl der US-Markt eine gute Ergänzung, da dieser bis 22 Uhr unserer Zeit geöffnet hat. Findet man jedoch eher am Vormittag oder zu Mittag etwas Zeit, um seine Trades zu planen oder zu beobachten, dann werden wohl die europäischen Aktienmärkte die bessere Lösung sein. Bei Rohstoffen oder Devisen ist es eher sekundär, wann man sich die Zeit fürs Trading nehmen kann, da diese ohnehin nahezu rund um die Uhr gehandelt werden.

Welche Produkte gehandelt werden sollen, ist der nächste Schritt in unserer Aufgabenliste. Ist man eher Fan der guten alten Aktie, oder liebt man eher das Risiko und lässt sich auf Hebelprodukte, Zertifikate, CFDs oder gar Optionen ein? Es macht Sinn, vorerst einmal bei einer Anlageklasse zu bleiben und erst bei nachhaltigem Erfolg vielleicht andere Produktklassen beizumischen. Wer es ruhiger angehen lassen will, hat die Möglichkeit, ganze Märkte, Branchen oder auch Indizes zu handeln, welche heutzutage durch eine Vielzahl von sehr liquiden ETFs abgebildet werden.

Nun haben wir also schon mal die ersten wichtigen Entscheidungen getroffen. Was noch fehlt, ist eine geeignete Strategie. Denn aus dem Bauch heraus irgendwelche Aktien zu kaufen oder zu verkaufen, ist selten ein lohnenswerter Weg zum nachhaltigen Erfolg an der Börse. Dies mag zwar funktionieren, wenn die Börsen sich allgemein in einer Hausse (steigender Markt) befinden und die Märkte jahrelang nur steigen. Hier kann man nicht viel falsch machen, denn in einem Aufwärtstrend steigen ohnehin gut 90% aller Werte. Was passiert jedoch, wenn die nächste große Korrektur vor der Tür steht oder gar ein Crash droht? Ohne adäquate Strategien verlieren Privatanleger gerade in solchen Phasen schnell wesentlich mehr, als sie zuvor an Gewinnen erzielt konnten.

Die Wahl der richtigen Strategie

Strategien gibt es wie Sand am Meer. Doch wozu braucht man diese eigentlich?

Auf den Punkt gebracht ist Trading nichts anderes als ein Spiel mit Wahrscheinlichkeiten. Mit bestimmten Setups und Formationen erhöht man also die Chance auf einen langfristigen Erfolg. Wir suchen uns also Situationen im Markt, in denen wir beispielsweise bei einem Kauf einer Aktie die Chance wesentlich höher ist als das eingegangene Risiko. Wenn wir beispielsweise in einem Trade 2 € verdienen können, jedoch nur 1 € mit einem festgelegten Stop-Loss riskieren, dann ist dies schon einmal eine sehr gute Ausgangsposition. Selbst wenn wir in der Folge lediglich eine Trefferquote von 50% erzielen, wird das gewählte System profitabel sein, da wir nur einen guten Trade mit 2 € Gewinn brauchen, um zwei schlechte Trades mit je 1 € Verlust auszugleichen. Wir brauchen also lediglich eine Trefferquote von über 33%, um hiermit langfristig profitabel zu arbeiten. Klingt einfach und ist es auch, doch die wenigsten Aktionäre verfolgen selbst diese einfache Regel.

Ein gutes Maß, um die Qualität einer Strategie bzw. eines bestimmten Setups zu messen, ist also das sogenannte Chance/Risikoverhältnis (kurz CRV genannt). Dies ist eine Kennziffer, die uns auf den ersten Blick sagt, ob sich der Handel einer bestimmten Formation, zu welcher wir später noch kommen, auch wirklich lohnt oder nicht.

„Das CRV muss immer über 2 sein!“

Dazu folgende Tabelle. Wir nehmen an, dass wir eine Trefferquote von 50% haben und sagen wir mal 100 Trades machen, bei denen wir 1 € riskieren und je nach CRV 1 €, 1.5 €, 2 € oder über 3 € verdienen können.

CRV	Ergebnis	
1	+/- 0	Am Papier haben wir zwar ein ausgeglichenes Ergebnis. Doch in Wahrheit müssen wir immer Spesen für einen Trade bezahlen. Das Ergebnis wird definitiv negativ ausfallen. 50 x 1 verdient = 50 50 x 1 verloren = 50
1.5	leicht positiv +25	Am Papier haben wir ein leicht positives Ergebnis, doch der kleine Mehrgewinn wird häufig von den bezahlten Spesen wieder aufgefressen. 50 x 1.5 verdient = 75 50 x 1 verloren = 50
2	sehr positiv +50	Hier beginnt das Traden Spaß zu machen, und endlich bleiben auch reale Gewinne nach Abzug der Kosten übrig. Das ist also der Bereich, ab dem gutes Trading erst richtig anfängt. 50 x 2 verdient = 100 50 x 1 verloren = 50
>3	perfekt! > +100	Bekommt man ein Setup in einem Trade, wo das CRV über 3 ist, sollte man unbedingt zulangen. Solche Chancen sind rar und sollten genutzt werden. 50 x 3 verdient = 150 50 x 1 verloren = 50

Wir sehen also, dass in den Berechnungen unseres möglichen langfristigen Erfolges auch ein Faktor mit einfließt, welcher immens wichtig ist, aber meist gar nie erwähnt wird.

„Wieviel Spesen zahle ich bei meinem Broker?"

Es ist also unumgänglich, sich einen zuverlässigen Broker zu suchen, bei dem man auch möglichst wenig Spesen für seine Trades bezahlt. Wo man sein Portfolio hat, ist somit einer der entschiedensten Faktoren für den langfristig profitablen Weg als Trader.

Kommen wir zu den Setups und Formationen zurück. Davon gibt es, wie bereits erwähnt, hunderte. Doch lassen sich alle handelbaren und profitablen Strategien in zwei Grundkategorien aufteilen.

1. Trendfolgestrategien
2. Gegentrendstrategien

Trendfolgestrategien

Hier wird der Ansatz verfolgt, möglichst mit dem Trend des Marktes oder des zu handelnden Instruments zu handeln. Befinden wir uns in einem Aufwärtstrend, so wollen wir eher Long-Positionen eingehen und einem Abwärtstrend vice versa eher Short-Positionen. Der ganz große Vorteil dieser Strategien ist darin begründet, dass sich Trends länger halten. Deshalb ist es wahrscheinlicher, dass sie sich fortsetzen als dass sie gebrochen werden. Somit hat dieser Ansatz auch eine wesentlich höhere Erfolgsrate. Auch kleine Fehler werden eher verziehen, da der allgemeine Trend ohnehin bereits in Richtung der eingegangenen Position geht.

Gegentrendstrategien

Diese Strategien sind eher sehr erfahrenen Händlern vorbehalten. Es werden stark überkaufte oder überverkaufte Situationen in Märkten gesucht, um scharfe und schnelle Gegenbewegungen auszunutzen. Schon oft haben Anleger hohe Verluste gemacht, indem sie eine Aktie, die bereits um über 50% gefallen war, wegen des vermeintlich günstigen Einstiegskurses gekauft haben. Darum hört man auch immer wieder den berühmten Spruch: „Never catch a falling knife“ (zu Deutsch: “Fangen Sie niemals ein fallendes Messer auf!”). An der Börse gibt es so etwas wie „zu teuer“ oder „zu billig“ nicht. Darum sollten solche Situationen nur mit den dafür geeigneten Strategien und nur von sehr erfahrenen Tradern genutzt werden. Oder Sie haben den passenden Ratgeber wie unseren Börsendienst, der Ihnen einen genauen Fahrplan für diese Trades gibt.

In der Folge wollen wir uns mit den sogenannten Trendfolgestrategien beschäftigen, da diese wesentlich profitabler und einfacher zu handhaben sind. Wir behandeln hier vor allem drei Systeme.

- den Breakout-Trade
- den Breakout-Pullback-Trade
- die Bottom-Fisher-Strategie

Breakout-Strategien

Begriffsdefinition

Bei einem Breakout handelt es sich um den Ausbruch aus einer bestimmten Formation. Formationen können zum Beispiel Flaggen, Wimpel, Dreiecke oder Ähnliches sein. Schauen wir uns dabei die gängigsten Formationen einmal näher an.

Flaggen

Flaggen sind grundsätzlich sehr auffällige Formationen und sind in verschiedensten Charts und in allen Zeiteinheiten zu finden.

Sie gehören zu den trendbestätigenden Formationen. Bedeutet also, dass der Ausbruch aus der Flagge häufig in Richtung des Trends erfolgt. Die Flagge selbst jedoch ist gegen den Haupttrend geneigt und sieht in der Regel folgendermaßen aus.

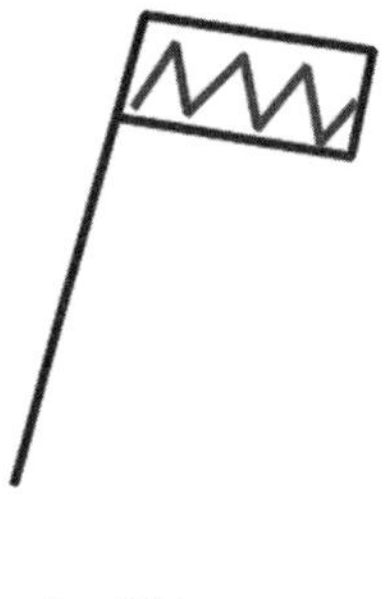

Flache Flagge

Steile Flagge

Merkmale

- Gegen den Haupttrend geneigt.
- Der Ausbruch aus der Flagge gibt das Signal.
- Wegen der auffälligen Erscheinung frühzeitig erkennbar.
- Das Volumen nimmt in der Flagge ab und beim Ausbruch zu.
- Je flacher die Flagge, desto besser.

In einem Chart sieht das dann folgendermaßen aus:

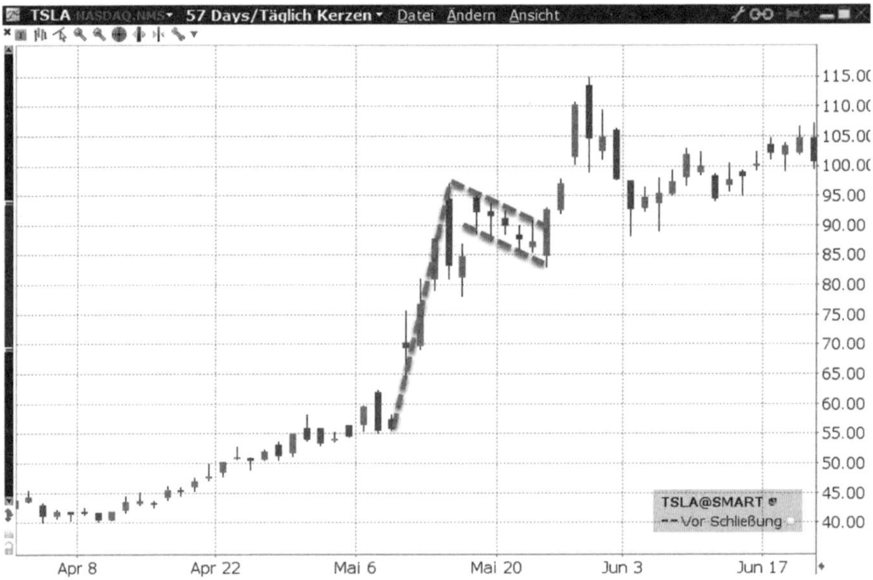

Handelssignal

Das Handelssignal beim **Ausbruch aus einer Flagge** ist der Ausbruch aus der selbigen. Hierbei ist es ratsam, nicht mit einer Limit-Order zu arbeiten, da solche Ausbrüche meist recht rasch erfolgen und einen schnellen Impuls mit sich bringen. Mit einer Limit-Order ist man hier meist zu spät dran. Daher empfiehlt es sich, mit einer Market-Order zu arbeiten. Voraussetzung dafür sind aber liquide Märkte, wo man für eine Market-Order auch einen möglichst fairen Preis bekommt.

Risiko

Um das Risiko von vornherein zu begrenzen, wird sofort nach dem Ausbruchstrade ein Stop-Loss gesetzt. Üblicherweise geht dieser unter das Tief der gesamten Flagge, wodurch das Setup komplettiert wird.

Kursziel

Das Kursziel ergibt sich aus dem so genannten „measured move“. Hierbei betrachten wir den ursprünglichen Impuls und gehen davon aus, dass sich dieser nach dem Ausbruch aus der Flagge erneut wiederholt. Der Impuls wird also zum Tief der Flagge nach oben hinzuaddiert. Solche Kursziele sind natürlich nur theoretischer Natur und müssen nicht exakt erreicht werden.

Beispiel 1 – Bullenflagge

CRV

Abermals kommen wir nun zum wichtigsten Thema des Setups bzw. der Strategie, dem CRV. Dies lässt sich nun durch unser definiertes Kursziel und unserer Stop-Loss-Marke exakt wie folgt definieren.

In unserem Beispiel ist also sehr schön und einfach zu erkennen, dass die Chance definitiv mehr als zweimal so hoch ist, als das eingegangene Risiko. Somit wäre dieses Setup per Definition ein qualitativ gutes Investment.

Beispiel 2 – Bärenflagge

Und hier dazu abermals das CRV

Wimpel

Diese Formation ist der Flagge sehr ähnlich, nur mit dem Unterschied, dass die beiden Konsolidierungslinien nicht parallel, sondern aufeinander zulaufend sind.

Sie gehört zu den trendbestätigenden Formationen. Das bedeutet also, dass der Ausbruch aus dem Wimpel häufig in Richtung des Trends erfolgt. Der Wimpel selbst ist wie bei der Flagge gegen den Haupttrend geneigt und sieht in der Regel folgendermaßen aus:

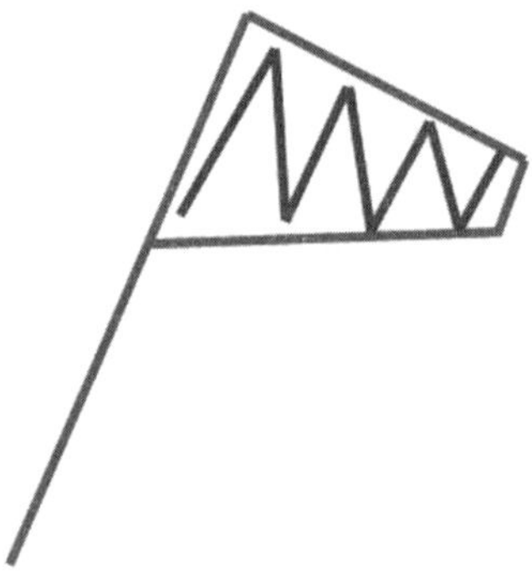

Merkmale

- Zwei Trendlinien, welche aufeinander zulaufen. Diese verlaufen meist entgegen dem Trend.

- Die Länge der Formation erstreckt sich von 2 Tagen bis maximal 3 Wochen. Alles über drei Wochen bezeichnen wir technisch gesehen als Dreieck.

- Das Volumen nimmt in der Formation ab und beim Ausbruch zu.

In einem Chart sieht das dann wie folgt aus:

Handelssignal

Das Handelssignal beim Ausbruch aus einem Wimpel ist der Ausbruch aus dem selbigen. Auch hier sollte der Trade durch eine Market-Order platziert werden und nicht mit einer Limit-Order, um den ersten meist starken Impuls nach dem Ausbruch nicht zu versäumen.

Risiko

Um das Risiko von vorn herein zu begrenzen, wird sofort nach dem Ausbruchstrade ein Stop-Loss gesetzt. Dieser wird so wie bei der Flagge unter das Tief der Formation platziert.

Kursziel

Wie bei der Flagge, ergibt sich das Kursziel aus dem sogenannten „measured move". Betrachtet wird ebenfalls der erste Grundimpuls. Dieser wird in der Folge zum Tief der Formation nach oben hinzuaddiert und ergibt somit das Kursziel aus dem Wimpel.

CRV

Auch in diesem Beispiel sehen wir, dass die Chance um ein Vielfaches höher ist als das ursprünglich im Trade eingegangene Risiko. Hier haben wir sogar ein CRV von weit über 2, was es zu einem qualitativ sehr hochwertigen Setup macht.

Wir sehen also bereits bei den ersten beiden Formationen, wie einfach eigentlich Trading sein kann, wenn wir wissen, worauf wir uns konzentrieren müssen. Natürlich gibt es noch eine Vielzahl von weiteren Formationen, doch wollen wir hier nur jene besprechen, welche sehr häufig vorkommen und einfach zu handhaben sind. In der Folge besprechen wir nun noch das ansteigende Dreieck, welches statistisch gesehen sehr gute Erfolge erzielt sowie noch das sogenannte „Cup & handle".

Dreiecke / speziell das ansteigende Dreieck

Wie auch Flaggen und Wimpel, gehören Dreiecke zu den typischen Konsolidierungsformationen. Auch hier sprechen wir von trendbestätigenden Formationen, bei denen der Ausbruch meist in Richtung des Grundtrends erfolgt. Folgende Variationen von Dreiecken gibt es:

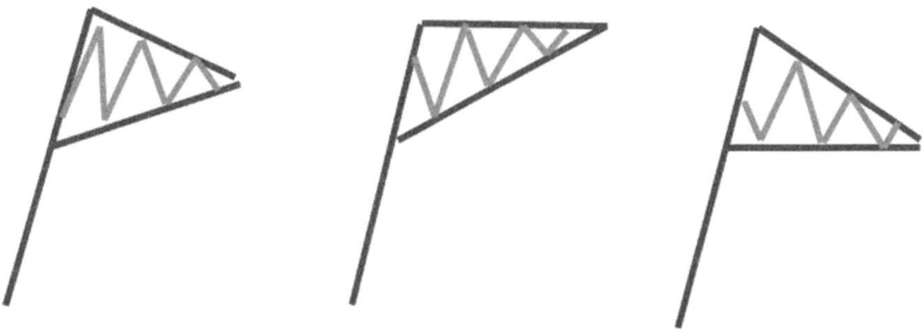

Symmetrisches Dreieck | Ansteigendes Dreieck | Abfallendes Dreieck

Der einzige wirkliche Unterschied zum Wimpel ist die Tatsache, dass wir bei einem Dreieck vor allem dann sprechen, wenn sich dieses über einen Zeitraum von mehr als 3 Wochen bildet. Grundsätzlich ergeben die Formationen aber das ein- und dasselbe Bild.

Vorteil des ansteigenden Dreiecks

Der große Vorteil des **ansteigenden Dreiecks** besteht vor allem darin, dass die Formation selbst bereits **bullischer Natur** ist und somit in einem Aufwärtstrend ideal für Long-Positionen geeignet ist. Wir sehen leicht ansteigende Tendenzen bereits innerhalb der Formation. Vice versa eignen sich für Short-Positionen in einem Abwärtstrend natürlich vor allem **abfallende Dreiecke,** da dieser von Natur aus bereits **bärischer Natur** sind.

Wir haben hier somit eine Situation, wo die Formationen nicht, wie bei Flaggen und Wimpeln, gegen den Trend gerichtet sind, sondern sogar mit dem Trend.

In einem Chart sieht das in real so aus.

Handelssignal

Auch hier wird beim Ausbruch aus dem Dreieck sofort mit einer Market Best Order reagiert. Alternativ dazu kann man auch einen Stop-Buy verwenden, doch hat man hier immer wieder das Risiko von recht schlechten Ausführungskursen.

Risiko

Der Stop-Loss in einem Dreieck geht üblicherweise unter das letzte Korrekturtief. Da sich dieses meist recht nahe am Ausbruchsniveau befindet, ist das Risiko in dieser Strategie von vornherein recht klein.

Kursziel

Hierbei wird die Höhe der gesamten Formation betrachtet und anschließend bei einem Ausbruch nach oben hinzuaddiert oder bei einem Bruch nach unten abgezogen.

CRV

Somit lässt sich nun auch wieder unser CRV sehr leicht berechnen. Wir schauen uns dazu wieder das mögliche Kurspotential im Verhältnis zum eingegangenen Risiko an. Auch in diesem Beispiel sehen wir recht deutlich, dass die Chance weit höher ist als das Risiko und auch hier würden wir ein CRV von über 2 bekommen.

Beispiel eines bärisches Dreiecks

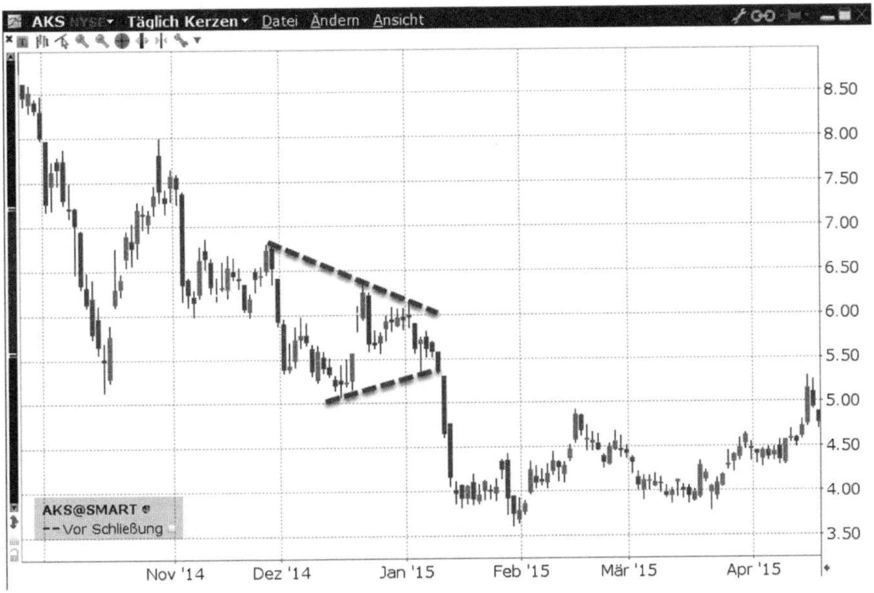

Das Setup ist dasselbe, nur eben in die andere Richtung gerichtet.

Cup & Handle-Formation

Ein weiteres Setup, welches sich ideal für Breakout-Trades eignet, ist diese Formation. Hier sprechen wir von einer sogenannten Tasse mit Henkel (Cup & Handle). Diese Formation ist eine der stärksten Formationen überhaupt und das Geheimnis dabei ist, dass die Kurse kurz vor dem großen Ausbruch nochmals konsolidieren und somit viel Energie für eine nachhaltige Bewegung tanken.

Hier ist besonders darauf zu achten, dass der Henkel maximal 1/3 der Höhe der gesamten Tasse beträgt. Die Konsolidierung sollte also möglichst weit oben erfolgen.

Handelssignal

Wie bei allen anderen Formationen gehen wir hier direkt beim Ausbruch nach oben mit einer Market Order in den Trade. Nochmals zur Wiederholung: nicht mit einer Limit Order!

Risiko

Der Stop-Loss geht unter den sogenannten Henkel. Wie auch bei den anderen Formationen geben wir hier noch eine kleine Spanne nach unten dazu und setzen diesen nicht exakt auf den Tiefpunkt.

Kursziel

Das Kursziel aus der Formation ist von der Berechnung den Dreiecken recht ähnlich. Auch hier wird die Höhe der gesamten Formation beim Ausbruch nach oben einfach hinzuaddiert. Die Spanne reicht also von der horizontalen Linie bis hinunter zum absoluten Tief der Formation

CRV

Aus der Kurszielberechnung der anderen Formationen heraus ist auch hier die Berechnung recht einfach. Wir nehmen den möglichen Impuls nach oben und setzen diesen im Verhältnis zu unserem eingegangenen Risiko.

Wenn Sie sich genauer mit allen möglichen Formationen beschäftigen wollen, empfiehlt sich die Lektüre der rund 200 Seiten starken **Enzyklopädie der Chartmuster** von Thomas Bulkowski.

Weitere wichtige finale Eckpunkte im Breakout-Trading

1. Diese Strategien sollten möglichst nur bei liquiden Werten angewandt werden. Also Titel, die ein hohes Tagesvolumen haben, damit der Trader bei seiner Ausführung durch eine Market-Order auch möglichst faire Kurse bekommt.

2. Diese Strategien funktionieren nicht in allen Marktphasen. Nur wenn sich der Gesamtmarkt in einem nachhaltigen Aufwärtstrend befindet, funktioniert diese Art des Tradings. Wer also versucht, in einem Abwärtstrend oder in trendlosen Marktphasen Breakouts zu traden, wird rasch viel Geld verlieren.

3. Der Kauf – egal bei welcher Formation – sollte immer ein paar Cent über dem Widerstand und nicht exakt am Widerstand erfolgen.

4. Der Stop-Loss sollte immer ein paar Cent unter der Formation oder der letzten Unterstützung und nicht exakt darauf gesetzt werden.

5. Breakout-Trading verhält sich in unterschiedlichen Märkten absolut unterschiedlich. Wer ein- und dieselbe Formation bzw. Strategie beispielsweise in deutschen Aktien, US-Aktien oder bei Rohstoffen verwendet, wird rasch erkennen, dass jeder Markt seine Eigenheiten hat. Hier braucht man viel Erfahrung, um Eigenheiten jedes Marktes zu verstehen.

6. Kursziele sind keine absoluten Werte und werden in den seltensten Fällen auch exakt erreicht. Mögliche Gewinne sollten also schon etwas vor dem Erreichen des eigentlichen Kursziels mitgenommen werden.

7. **Nie ein CRV von unter 2 traden!**

8. Setzen Sie IMMER einen Stop-Loss sofort nach dem Einstieg. Somit laufen Sie nie Gefahr, größere Verluste zu machen und Sie haben ein klar definiertes maximales Risiko.

9. Traden Sie immer mit dem Trend. Geht der Trend nach oben, suchen wir nach bullischen Formationen und vice versa.

10. Unser Tipp: Machen Sie mindestens 50 Trades auf Papier oder in einem Musterportfolio, bevor Sie wirklich reales Geld zum Einsatz bringen. Erst wenn diese 50 Trades insgesamt positiv sind, haben sie quasi die Erlaubnis, eine Stufe weiter zu gehen. Sind sie negativ, beginnen Sie nochmals mit 50 Trades auf Papier.

11. Das Traden von Ausbrüchen nach unten verläuft exakt umgekehrt zu den Breakouts nach oben. Hierbei wird, statt dem Ausbruchssignal nach oben, nach unten gehandelt, sobald die Aktie aus der Formation nach unten ausbricht. Statt eines Kaufs erfolgt ein Leerverkauf, ein sogenannter Short. Der Stop-Loss wird statt unter der Formation einfach über der Formation platziert.

Der Breakout-Pullback-Trade

Begriffsdefinition

Was uns die meisten Bücher über Charttechnik vorenthalten, ist die Tatsache, dass in der realen Tradingwelt der Ausbruch aus einer Formation nicht immer so glatt verläuft, wie es zumindest auf den ersten Blick den Anschein hat. So kommt es statistisch bewiesen bei fast 50% aller Ausbrüche in der Folge zu einem Retest der Formation, den wir Pullback nennen. Dieser Pullback sieht bei Flaggen und Wimpeln wie folgt aus:

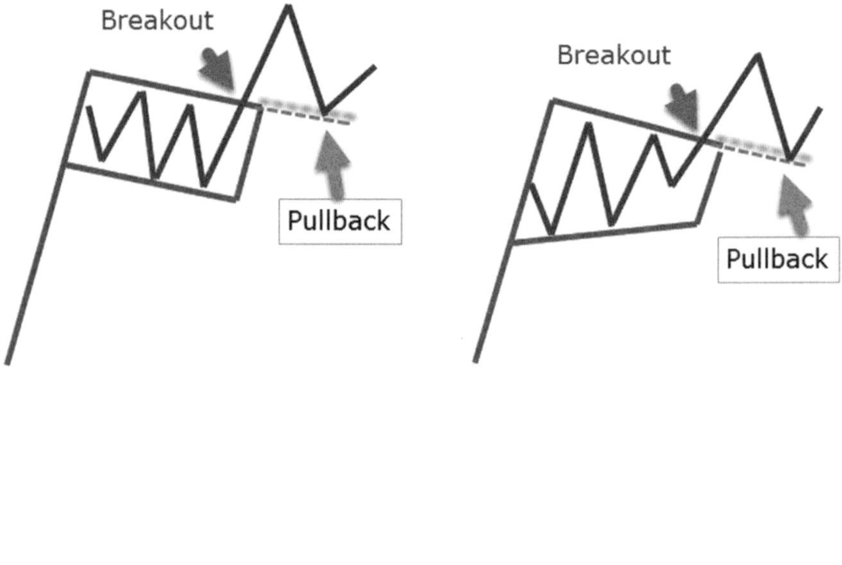

In realen Charts sieht die Sache dann so aus.

Wimpel

Flagge

Wir sehen, dass die Pullbacks recht häufig vorkommen. Ein Problem, welches wir in der Folge bei Flaggen und Wimpeln bekommen, ist die Tatsache, dass der Pullback eigentlich immer unter das ursprüngliche Niveau geht, bei dem wir gekauft haben. Dies ist natürlich eine ungemütliche Tatsache, da der Trade ja eigentlich noch in Ordnung ist, wir aber trotzdem mit dem Trade zwischenzeitlich im Minus liegen.

Darum sind hier ansteigende Dreiecke und Cup & Handle-Formationen eindeutig im Vorteil, da der Pullback meist nur zurück auf die horizontale Ausbruchslinie geht. Schematisch schaut die Sache dann so aus.

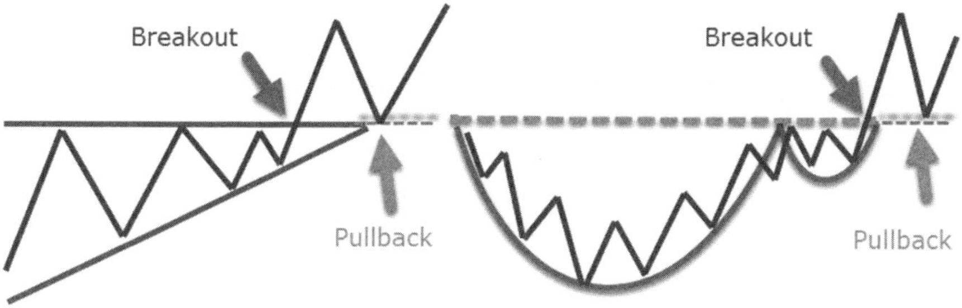

Breakout Pullback im Cup & Handle

Breakout Pullback im Dreieck

Wir sehen, dass der Pullback hier normalerweise nicht unter unseren Einstiegskurs geht. Deshalb bevorzugen wir diese beiden Formationen eher für Ausbrüche wie auch für Breakout-Pullback-Trades, wenngleich auch Flaggen und Wimpel sehr gute Ergebnisse bringen können, aber eben mit dem einen kleinen Nachteil.

Geht der Pullback jedoch unter die Unterstützung, wo der Trade wieder in die richtige Richtung drehen sollte, so sprechen wir von einem klassischen Fehlausbruch. Hier sollte die Position möglichst rasch geschlossen werden.

Wie funktioniert der Trade?

Der Trade erfolgt in drei Phasen

Phase 1: Wir warten auf den Ausbruch aus der Formation. Diesen können wir natürlich auch mit unserer ersten Strategie, dem sogenannten Breakouttrade handeln. In rund 50% aller Fälle explodiert die Aktie und in rund 50% aller Fälle, sehen wir in der Folge den erwähnten Pullback.

Phase 2: Abwarten ist angesagt, denn wir kaufen nicht automatisch auf dem Niveau, wo der Wert eigentlich wieder nach oben gehen soll. Zuerst müssen wir sehen, ob wir hier wirklich nach oben drehen, oder ob wir es mit einem sogenannten Fehlausbruch zu tun haben.

Phase 3: Wenn wir uns nahe, knapp über oder knapp unter der Unterstützung befinden, platzieren wir eine Kauforder über dem Hoch der letzten Kerze. Wir blicken hierzu üblicherweise auf einen Tageschart. Der Stop-Loss wird anschließend unter das Tief des gesamten Pullbacks platziert.

Schauen wir uns dazu Beispiele mit unterschiedlichen Formationen an.

Breakout-Pullback-Trade-Flagge

Nach dem Pullback der Kerze (1) wollen wir über dem Hoch dieser Kerze am Folgetag kaufen. Wir sehen, dass die Kerze(2) aber nicht über das Hoch gegangen ist. Folglich wollen wir am darauffolgenden Tag über dem Hoch der Kerze (2) long gehen. Nun bei Kerze (3) sehen wir, dass das Hoch der letzten Kerze gebrochen wurde und der Kauf wird ausgelöst. Der Stop-Loss geht wie geplant unter das Tief des **gesamten Pullbacks.**

Wer den Stop-Loss aggressiver setzen möchte, kann dies beispielsweise auch unter dem Tief der Kerze setzen, welche das Kaufsignal auslöst.

Der Kauf sollte ähnlich wie bei Breakouts ebenfalls entweder mit einer Market-Order, oder mit einem Stop-Buy ausgelöst werden. Eine Limit-Order kann unter Umständen auch zum Erfolg führen, sollte aber eher nicht eingesetzt werden.

Breakout-Pullback-Trade-Dreieck

Nach dem Ausbruch aus dem Dreieck sehen wir die erste Berührung der nun horizontalen Unterstützung mit der Kerze (1): Erst bei der Kerze (2) wurde das Hoch der vorigen Kerze nach oben als Kaufsignal ausgelöst. Der Stop-Loss ging anschließend unter das Tief des gesamten Pullbacks.

Wer den Stop-Loss aggressiver setzen möchte, kann dies beispielsweise auch unter dem Tief der Kerze setzen, welche das Kaufsignal auslöst.

Der Kauf sollte ähnlich wie bei Breakouts ebenfalls entweder mit einer Market-Order, oder mit einem Stop-Buy ausgelöst werden. Eine Limit-Order kann unter Umständen auch zum Erfolg führen, sollte aber eher nicht eingesetzt werden.

Breakout-Pullback-Trade-„Cup & Handle"

Bei der gleichen Aktie sehen wir nun im Tageschart einige Zeit später, wie sich nach der „Cup & Handle"-Formation ein netter Breakout über die Marke von 160 gebildet hat. Im Juni kamen die Kurse nochmals zu diesem Niveau zurück und unterschritten dieses sogar leicht, schlossen aber nicht darunter. Das Hoch der letzten Pullbackkerze (1) wurde gleich einen Tag danach als Kaufsignal nach oben verlassen. Der Stop-Loss ging in der Folge wie üblich unter das Tief des gesamten Pullbacks.

Großer Vorteil dieser Strategie

Der große Vorteil dieser Pullback-Strategie ist, dass man seinen Trade beispielsweise in einem Tages- oder Wochenchart auch ganz entspannt außerhalb der Börsenöffnungszeiten planen kann und den Kauf mit einem Stop-Buy und den Stop-Loss zugleich schon setzen kann, ohne dass der Trader während des Handels am PC sein muss. Eine recht entspannte Art des Tradings.

Bottom-Fisher-Strategie

Grundprinzip

Jeder möchte gern eine Aktie, einen Index, oder sonstige Finanzinstrumente exakt am Tiefstpunkt kaufen, um sie in der Folge möglichst teuer wieder zu verkaufen. Vor allem Privatanleger suchen gern nach stark gefallenen Titeln, welche günstig erscheinen. Doch meist kauft man diese mitten in einer Abwärtsbewegung und der ach so günstige Einstieg erweist sich des Öfteren als Fehlinvestment.

Mit der Bottom-Fisher-Strategie ist es möglich, nach dem Ende eines Abwärtstrends möglichst zum Beginn eines Trendwechsels in einen Markt zu investieren. Dazu müssen wir uns per Definition ansehen, wie so ein Abwärtstrend eigentlich aussieht.

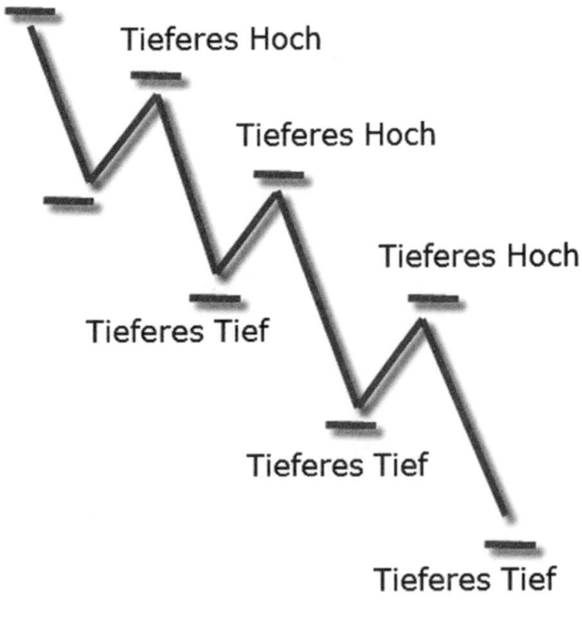

Technisch gesehen ist ein Abwärtstrend nichts anderes, als eine Folge von tieferen Hochs und tieferen Tiefs. Solange wir also solch eine Folge in einem Wertpapier sehen, gibt es für uns absolut keinen Grund hier zu investieren. Selbst wenn beispielsweise eine Aktie bereits über 50% an Wert eingebüßt hat, ist dies noch lange kein Grund zu investieren. Wie eingangs bereits erwähnt, gibt es an der Börse kein „zu billig". Nehmen Sie also bewusst Abstand vor solchen Investitionen.

Erste Anzeichen einer Trendwende

Das erste Anzeichen einer möglichen Trendwende sehen wir frühestens dann, wenn wir im Chart ein höheres Tief bekommen. Dies lässt Rückschlüsse auf ein etwas aggressiveres Vorgehen seitens der Anleger zu, und der Kaufdruck beginnt zuzunehmen.

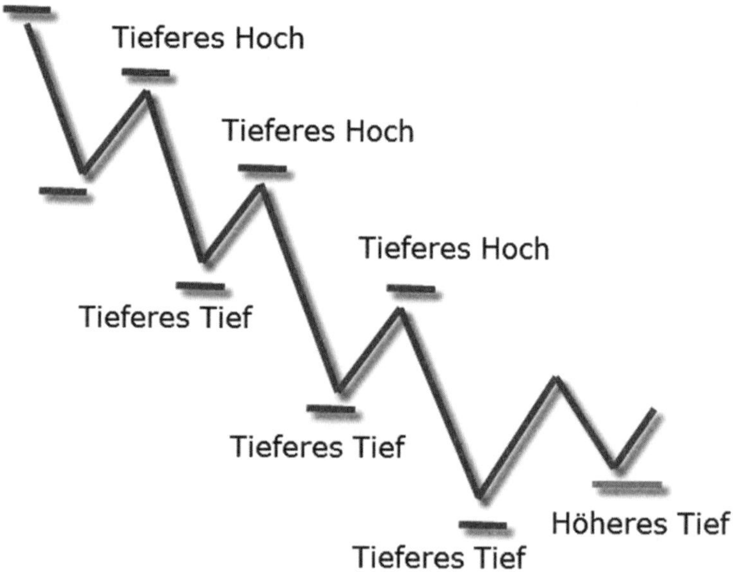

Dies ist nun auch der früheste Zeitpunkt, an dem wir uns für dieses Wertpapier interessieren würden.

Das Kaufsignal

Das Kaufsignal selbst ist absolut identisch mit dem bei den besprochenen Breakouttrades. Wir warten, bis wir zum letzten Hoch kommen, und spätestens wenn wir dieses nach oben brechen, haben wir ein Kaufsignal. Mit dem Bruch des letzten Hochs bekommen wir technisch betrachtet neben dem höheren Tief auf ein höheres Hoch, wodurch der Abwärtstrend endgültig vorüber ist. Wir kaufen somit am Beginn einer möglichen Trendwende.

Chart schematisch:

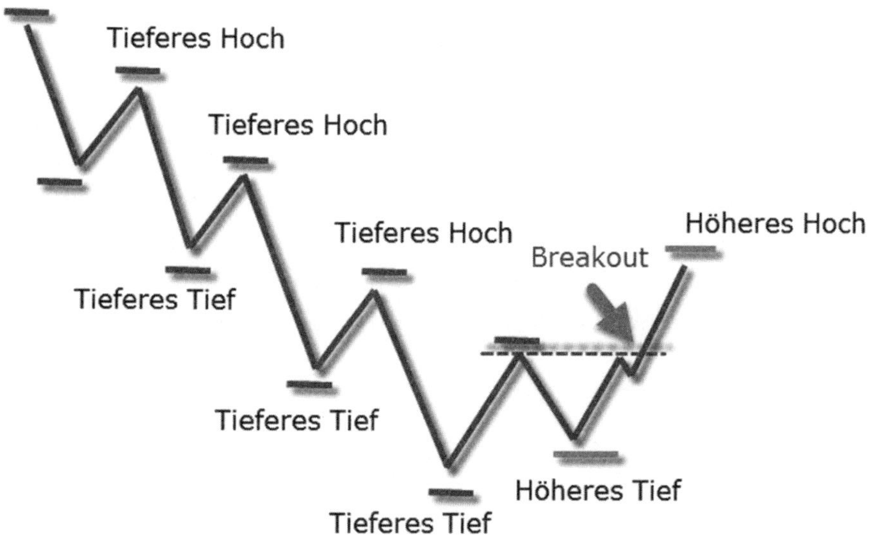

Chartbild eines „Bottom Fisher"-Setups

Wir sehen hier sehr schön, dass der russische Aktienindex, selbst nach den bereits starken Kursverlusten im Herbst 2014, kein guter Kauf war. Erst nachdem wir im Januar 2015 erstmals ein höheres Tief im Chart bekommen haben, konnte man mit einer möglichen Trendwende nach oben rechnen. Mit dem Breakout im Februar 2015 war der Abwärtstrend gebrochen und das Kaufsignal serviert.

Risiko

Wie auch bei den anderen Strategien, haben wir hier ein exakt vordefiniertes Risiko. Der Stop-Loss geht üblicherweise unter das Tief der letzten Korrektur. In unserem vorigen Setup sieht dies folgendermaßen aus:

Das Risiko ist somit durch den Abstand zwischen dem Breakout und dem Stop-Loss abermals klar definiert.

Weiteres Beispiel

Auch in diesem Beispiel sehen wir gut, dass das allererste Anzeichen für eine mögliche Trendwende das erste höhere Tief (1) im Chart war.

Setup

Nach dem Breakout und dem Kaufsignal über der Marke von 45 ging der Stop-Loss automatisch unter das letzte Korrekturtief. Das Ergebnis in der Folge konnte sich sehen lassen. Das Risiko war ursprünglich bei rund 5%. Dem gegenüber sahen wir nur wenige Monate später ein Kursplus von mehr als 34%.

Fazit: Die „Bottom Fisher" Strategie ist eine sehr gute Möglichkeit, nach Abwärtstrends verschiedenste Märkte exakt am Punkt der Trendwende zu erwischen. Dies gibt uns ein ideales Setup, gepaart mit hoher Chance und kleinem Risiko.

Nachwort

Nun haben Sie also nicht nur die wichtigsten Informationen zu unseren Trading-Strategien mitbekommen, sondern wissen jetzt auch, wie hoch Sie beispielsweise Ihre Positionsgrößen wählen sollten, welche Orderarten wir am besten verwenden und vor allem, wann und wo wir gemeinsam unsere Gewinne beginnen zu realisieren. Dieser Prozess wird Ihnen anfangs etwas kompliziert erscheinen, doch im Laufe der Zeit bringen wir auch Sie auf den richtigen Weg zu einem möglichst erfolgreichen und profitablen Trader.

Anbei nochmals ein kurzer Leitfaden, wenn wir eine Long- oder Short-Idee in Zukunft veröffentlichen werden.

LONG-Trading-Idee

1. Wir platzieren eine „Stop-Buy-Limit"-Order am geplanten Trigger (Kaufpunkt). Das Limit geht +2% über den Stop.

2. Sofort nachdem die Order ausgeführt wird, setzen wir die Stop-Loss-Oder, um uns vor etwaigen Risiken zu schützen. Wo diese genau gesetzt wird, werden wir in unseren Videoanalysen exakt erörtern.

3. Läuft der Trade in die richtige Richtung, wollen wir die Hälfte der aktiven Positionsgröße bei +5% Gewinn verkaufen.

4. Nach dem Verkauf geht unser Stop-Loss sofort auf unseren Einstandswert, welchen wir für das Wertpapier bezahlt haben.

5. Nun wollen wir die Gewinne weiter laufen lassen, um den höchstmöglichen Profit zu erzielen.

SHORT-Trading-Idee

1. Wir platzieren eine „Stop-Sell-Limit"-Order am geplanten Trigger (Verkaufspunkt). Das Limit geht -2% unter den Stop.

2. Sofort nachdem die Order ausgeführt wird, setzen wir die Stop-Loss-Oder, um uns vor etwaigen Risiken zu schützen. Wo diese genau gesetzt wird, werden wir in unseren Videoanalysen exakt erörtern.

3. Läuft der Trade in die richtige Richtung, wollen wir die Hälfte der aktiven Positionsgröße bei +5% Gewinn verkaufen.

4. Nach dem Verkauf geht unser Stop-Loss sofort auf unseren Einstandswert, welchen wir für das Wertpapier bezahlt haben.

5. Nun wollen wir die Gewinne weiter laufen lassen, um den höchstmöglichen Profit zu erzielen.

Nun haben Sie den perfekten Leitfaden für unseren Börsendienst und können loslegen.

Auf viele gemeinsam erfolgreiche Trades und gutes Gelingen!